DE LA NÉCESSITÉ,

DANS L'INTÉRÉT DU COMMERCE, DE L'INDUSTRIE ET DE LA MORALE,

DE L'ABOLITION

DE LA CONTRAINTE PAR CORPS,

OU

LETTRE A M. LE DUC DE CAZES,

PAIR DE FRANCE,

Par Victor Pirmé, Avocat,

CHEVALIER DE L'ORDRE ROYAL DE LA LÉGION-D'HONNEUR,

SUIVIE

DU TRAVAIL REMARQUABLE PRÉSENTÉ EN 1826

A LA CHAMBRE DES DÉPUTÉS,

PAR M. AMYOT, ancien Secrétaire de M. l'Intendant de Provence, Greffier du Collége royal de Bourbon, Avocat;

LE TOUT ACCOMPAGNÉ DE NOTES STATISTIQUES, MORALES ET JURIDICO-LÉGALES, PAR GABRIEL BOURBON-LEBLANC, ANCIEN AVOCAT, AUTEUR DE LA PHILOSO- PHIE POLITIQUE, DU CODE DU DROIT PUBLIC FRANÇAIS, ETC.

> Perdre la liberté, ô bon Dieu! Après elle
> que reste-t-il à perdre? La liberté, c'est
> la vie; la servitude est la mort.
>
> L'HOSPITAL.

A PARIS,

CHEZ DELAUNAY, LIBRAIRE-ÉDITEUR,

PÉRISTYLE VALOIS, GRANDE GALERIE DE PIERRE, AU PALAIS-ROYAL;

ET CHEZ TOUS LES LIBRAIRES FRANÇAIS ET ÉTRANGERS.

FÉVRIER 1829.

LETTRE

A M. LE DUC DE CAZES, PAIR DE FRANCE,

SUR L'ABOLITION

DE LA

CONTRAINTE PAR CORPS EN FRANCE.

IMPRIMERIE DE SELLIGUE,
Rue des Jeûneurs, n. 14;

DE LA NÉCESSITÉ,

DANS L'INTÉRÊT DU COMMERCE, DE L'INDUSTRIE
ET DE LA MORALE,

DE L'ABOLITION

DE LA CONTRAINTE PAR CORPS,

OU

LETTRE A M. LE DUC DE CAZES,

PAIR DE FRANCE,

Par Victor Pirmé, Avocat,

CHEVALIER DE L'ORDRE ROYAL DE LA LÉGION-D'HONNEUR,

SUIVIE

DU TRAVAIL REMARQUABLE PRÉSENTÉ EN 1828,

A LA CHAMBRE DES DÉPUTÉS,

Par M. AMYOT, ancien Secrétaire de M. l'Intendant de Provence, Greffier du Collége royal
de Bourbon, Avocat;

LE TOUT ACCOMPAGNÉ DE NOTES STATISTIQUES, MORALES ET JURIDICO-LÉGALES, PAR
GABRIEL BOURBON-LEBLANC, ANCIEN AVOCAT, AUTEUR DE LA PHILOSOPHIE POLI-
TIQUE, DU CODE DU DROIT PUBLIC FRANÇAIS, ETC.

> Perdre la liberté, ô bon Dieu! Après elle
> que reste-t-il à perdre? La liberté, c'est
> la vie; la servitude est la mort.
>
> L'HOSPITAL.

A PARIS,

CHEZ DELAUNAY, LIBRAIRE-ÉDITEUR,
PÉRISTYLE VALOIS, GRANDE GALERIE DE PIERRE, AU PALAIS-ROYAL;
ET CHEZ TOUS LES LIBRAIRES FRANÇAIS ET ÉTRANGERS.

FÉVRIER 1829.

LETTRE

A M. LE DUC DE CAZES, PAIR DE FRANCE,

SUR L'ABOLITION

DE LA

CONTRAINTE PAR CORPS EN FRANCE.

NOBLE PAIR,

« JE rougis d'avoir été Ministre de l'intérieur , et de n'avoir point fait disparaître le déplorable tableau que présente Sainte-Pélagie (1) : » Telles ont été les pre-

---

(1) « Ceux qui ont assez de mérite pour réussir le plus souvent, » trouvent quelque magnanimité à reconnaître leurs fautes. »

« Il est d'un petit esprit et qui se trompe ordinairement de » vouloir ne s'être jamais trompé. » LOUIS XIV.

Sous la dénomination de Sainte-Pélagie sont comprises la *détention* et la *dette* :

La *détention* renferme les personnes condamnées correctionnellement, et la *dette*, celles qui ont été incarcérées comme débitrices.

C'est de cette dernière partie que S. S. entend parler.

Autrefois, la *détention* et la *dette* étaient placées sous la même main et le même régime.

M. de Belleyme, qui marche toujours en tête dans la carrière

mières paroles qu'a daigné m'adresser Votre Seigneurie, lors de l'entretien que, chez S. G. monseigneur
le Garde-des-Sceaux, elle a bien voulu avoir avec moi
sur la loi de la contrainte par corps; témoignage d'es-
time aussi flatteur pour mes faibles lumières, que sont
nobles les regrets dont l'empreinte caractérise si bien
l'homme d'état;

Regrets qui ajoutent à l'attendrissement éprouvé par
tous les cœurs animés de l'amour de leurs semblables,
lors de la visite faite par Votre Seigneurie aux victimes
d'une loi aussi inutile pour les Français, qu'elle est in-
hospitalière pour l'étranger;

Regrets qui dévoilent toute la grandeur de l'action
de Votre Seigneurie, visitant les prisonniers, selon les
préceptes divins (1).

---

des améliorations, a fait cesser cet odieux abus depuis le 1er
avril 1828.

(1) « Croyez-moi, car je suis souvent en prison », disait Saint-
Paul.

C'est la vue des cloaques qu'en France on nomme maisons de
justice, conciergerie et maisons d'arrêt, qui a inspiré à M. le duc
de Cazes l'idée généreuse de l'établissement du conseil général
des prisons.

Ce noble Pair, en traçant les statuts d'une institution qui devait avoir l'honneur d'être placée sous la présidence de l'héritier
de la couronne, ne s'est pas seulement occupé de la *sûreté* et de
la *salubrité* des lieux, de la séparation des *sexes*, de la *nourri-
ture*, des *vêtemens* et de la *santé* des malheureux, de la distinction des *délits* et des *crimes*, mais encore de la *légalité* des ar-
restations. Immense service! sublime inspiration! condamna-
tion foudroyante de ces vils courtisans qui ne font un pas

De pareils actes, Noble Pair, portent bonheur; ils sont pour celui que favorise la fortune, qu'entoure l'auréole des grandeurs, la révélation du plus haut mérite. Cette piété exemplaire est le suc qui donne aux racines la force de soutenir les tiges les plus élevées (1)..... Votre Seigneurie a voulu connaître par elle-même les funestes effets de cette loi de la contrainte par corps, qui, sous le prétexte de servir les intérêts du commerce, ne vous a cependant fait rencontrer (à la gloire de notre commerce), pas plus dans les prisons du royaume, que votre vertueuse sollicitude vous a fait ouvrir, que dans Sainte-Pélagie, moderne Bastille des usuriers, aucun détenu négociant incarcéré à la requête d'un négociant; aussi les bontés de Votre Seigneurie n'ont trouvé à interroger dans ce dernier monument des temps barbares, encore debout à la honte de notre nation et de l'humanité, que des hommes la plupart devenus, à l'aide de la prise de corps, la proie d'*incarcérateurs* éhontés, véritables fléaux dirigés par la cupidité, l'intérêt sordide et usuraire, sur les traces du malheur, pour en épier les souffrances et en arracher les obligations les plus onéreuses, sous la clause sacrilége d'alié-

---

qu'en se traînant sur les genoux, n'ont pour but que d'aduler le pouvoir, et que Tacite a si bien peints! *Omnia serviliter pro dominatione.*

(2) « La véritable gloire consiste à laisser après soi le souve- » nir du bien qu'on a fait aux siens, à la patrie et au genre » humain. »

CIC., pour MARCELLUS.

ner, contre le droit humain comme contre le droit divin, leur liberté (1).

Aussi le cœur de Votre Seigneurie a dû saigner de douleur au récit de malheureux époux, que leurs compagnes viennent chaque jour attrister de leurs larmes versées sur les besoins de leurs enfans, à qui elles sont forcées de retrancher le pain qu'elles apportent en prison à ceux-là qui le procuraient abondamment à tous, et qui, paralysés par cette fatale loi de la contrainte par corps, finissent par se démoraliser.

Là un père, idolâtré de ses filles qu'il adore, a dû apprendre à Votre Seigneurie, que sa détention prolongée a laissé à l'abandon et livré aux dangers de la séduction des êtres toujours chastes sous ses yeux ;... hélas ! ulcéré dans ce que le cœur d'un père éprouve de plus sensible, la honte aujourd'hui rejaillit sur ses cheveux blancs.

Ici un fils de famille, dont les étourderies n'eussent été que passagères, vous a dit, Noble Pair, qu'elles avaient attiré sur ses pas des hommes qui d'avance savaient n'avoir d'autre auxiliaire de leurs basses spéculations que la loi de la contrainte par corps, calculant dans leur profonde immoralité, pour qui rien n'est sa-

---

(1) « Est-il rien de plus vil que de faire de son seul intérêt le » centre de toutes ses actions ? c'est être matériel et tout terres- » tre. Car la terre est fixe et immobile sur son centre ; mais tout » ce qui a de l'affinité avec les Cieux tend à quelqu'autre être » comme à son centre auquel il est utile. » (BACON, Essai de morale et de politique, ch. 23.)

cré, sur l'affection d'un père, d'une mère, d'un parent, d'un protecteur ou d'une épouse, pour payer la rançon de celui que l'inexpérience a livré au prix de sa liberté et de son avenir.

Sauf donc quelques personnes qui froidement partagent l'erre urlégale de l'emploi de l'emprisonnement pour être payé, on peut dire que l'exécution de cette loi ne sert que les plus vils intérêts. Aussi n'est-il pas étonnant de voir gémir sous les verroux de la dette des paralytiques (1), des septuagénaires, des octogénaires; faut-il le dire? par cette loi nos prisons sont le tombeau de l'homme vivant; car pour l'étranger, sa détention est sans terme : nous en tenons enfermés depuis plus de vingt ans. Quelle barbarie!!!

Ces attentats à la liberté individuelle dénoncent la loi de la contrainte comme une anomalie dans notre législation; car elle repousse tous sentimens généreux.

La liberté (2) est notre plus bel apanage. Doué de

---

(1) Au moment où nous traçons ces faits, vient d'expirer à l'infirmerie de la Dette un paralytique âgé de quatre-vingt quatre ans. Un homme bienfaisant a visité l'huissier chargé de l'affaire, ou, pour parler plus exactement, la femme de cet officier ministériel; envain la voix de l'humanité s'est fait entendre!... On demandait de l'argent, et le vieillard qui avait servi noblement son pays dans les armées françaises, est mort prisonnier pour dette.

(2) « Celui qui garde attentivement la loi parfaite, qui est la » loi de la liberté, et qui s'y attache, celui-là n'écoutant pas seu- » lement pour oublier aussitôt, mais faisant ce qu'il écoute, trou- » vera son bonheur dans son action. »
(Epist. SAINT JACQUES, ch. 1.)

raison, l'homme, avec le libre arbitre et la connaissance du juste et de l'injuste, dès qu'il respecte l'ordre social, ne doit avoir pour prison que l'univers. Toute disposition législative contraire à ce principe sacré, et qui y déroge, surtout en faveur d'intérêts privés, est un crime de lèze-divinité, dont la volonté la plus manifeste est la création de l'homme libre.

L'humanité, la morale, la religion, sont donc sacrifiées dans cette loi de la contrainte par corps (1); mais il y a plus, c'est que sous le faux prétexte, comme nous l'avons dit, d'être utile au commerce, elle le froisse, le détruit et le déshonore.

Le commerce repose sur la loyauté et la bonne foi. Malheur aux nations qui doivent y suppléer par des rigueurs législatives. . . . . Livrez le commerce français à lui-même; mettez-le sous la sauve-garde de la foi publique, de l'honneur national, des lois répressives; effacez cette institution aussi odieuse dans sa dénomination qu'elle est cruelle dans ses effets; qu'elle cesse d'entacher la législation d'un grand peuple, de satisfaire des haines, de servir d'appui à des actes simulés par des moyens tels, que l'on peut défier toute discussion qui aurait pour but de soutenir des réglemens aussi absurdes. Nul jurisconsulte, nul légiste qui se respecte, ne se présentera pour les défendre.

---

(1) « Que personne n'opprime son frère ni ne lui fasse violence » dans aucune affaire, parce que le Seigneur est le vengeur de » tous les péchés, comme nous l'avons déjà déclaré et assuré de » sa part. » (Saint Paul aux Thessaliens, ch. 4.)

C'est donc de persuasion comme de conviction, c'est de sentiment comme par suite d'un profond examen, que la loi de la contrainte par corps en France doit être anéantie.

C'est par acclamation que la tribune française doit en provoquer l'abolition, à la gloire de la nation, à la gloire du trône des Bourbons (1).

J'ai l'honneur d'être avec respect,
de Votre Seigneurie,

Noble Pair,

Le très-humble et très-obéissant serviteur,

V. Pirmé.

---

(1) — Tout le monde sait que Monseigneur le Dauphin est le premier appui des malheureux, et que l'on doit à sa puissante influence dans les conseils l'empressement que met le Ministère à suivre un système général et complet d'amélioration.

—Le général Lagarde est poursuivi par un garde du commerce et ses recors; un revers de bras énergique en fait descendre un sur le trottoir de la rue de Rivoli, épouvante les autres, et le palais des Tuileries sert de refuge au guerrier; grand bruit! grande clameur! rassemblemens nombreux! Qu'est-ce? demande Madame la Dauphine, alors Duchesse d'Angoulême.—Le général Lagarde échappé aux cosaques du Commerce : — *Eh! qu'on le fasse entrer bien vite, et qu'il se cache ici. Heureuse naïveté!* Le général paraît, remercie l'auguste Princesse, explique les craintes qui se renouvelleront le lendemain. . . . . .

Huit mille francs environ étaient dus : la princesse en ordonne le paiement, et le général Lagarde est libre !

> Souffrir est son destin : bénir est son partage ;
> Elle prie en secret pour l'ingrat qui l'outrage.
> Sans ornemens, sans art, belle de ses attraits,
> Sa modeste bonté se dérobe à jamais
> Aux hypocrites yeux de la foule importune
> Qui court à ses autels adorer la fortune.
>
> VOLT. *Henr.*, ch. IV.

— Un fameux prédicateur de Louis XIII a soutenu en chaire que le nombre x était le plus parfait. Ce nombre, disait-il, représente la perfection où tout nombre aboutit.

Ce prédicateur avait-il la prescience ? Voyait-il, dans l'avenir, Charles X replacer la paix publique sur ses véritables bases, en rendant la liberté à la pensée, aux communes la jouissance de leurs droits, et aux débiteurs la faculté de s'acquitter par le travail ?

*A M. le Président et à MM. les honorables Membres
de la Chambre des Députés.*

MESSIEURS,

L'invention des lettres de change est due, selon les uns, au génie commercial des sujets chassés de France et réfugiés en Lombardie, et, selon les autres, aux Florentins expulsés de leur patrie et retirés en France par suite de leurs divisions intestines.

Le commerce sentit l'avantage de ce mandat qui lui donnait la facilité de payer la valeur des marchandises achetées dans l'intérieur du royaume et chez l'étranger; de recevoir le prix de celles qu'il vendait, sans courir les risques d'un transport d'argent pour solder au-dehors les achats, ou pour recevoir le prix des ventes. La facilité que procurait ce contrat en fit sentir l'utilité et la nécessité pour le commerce.

Nos rois rendirent à ce sujet différens édits qui établirent des tribunaux spéciaux pour connaître de cette espèce de contrat.

Charles IX, par un édit du mois de novembre 1563, créa d'abord à Paris, comme ville capitale du royaume, des juges et consuls des marchands pour connaître des matières commerciales; et par un autre édit du 16 décembre 1566, il en érigea dans toutes les villes métropoles, capitales et de commerce où il y avait siége royal. D'autres édits, comme les précédens, fixent la compétence des juges et consuls.

L'ordonnance du commerce de 1673, titre XII, déclare communs pour les siéges des juges et consuls, l'édit de leur établissement à Paris, du mois de novembre 1563, et tous autres édits et déclarations touchant la juridiction consulaire, enregistrés aux parlemens; et le titre XII en fixe la compétence.

Le décret du 16 août 1790, sanctionné le 24, établit les tribunaux de commerce en confirmant la juridiction consulaire, lui donne le nom de tribunal de commerce, et en établit plusieurs dans les villes du royaume.

L'ordonnance de 1673 et le code de commerce ont établi leur compétence : ils leur attribuent la connaissance de tous les actes de commerce contractés soit entre négocians, soit entre particuliers non négocians; c'est la nature de l'acte et non la qualité de la personne qui détermine cette compétence.

Ainsi, une lettre de change étant un des principaux actes de commerce les plus multipliés, les souscripteurs, accepteurs, donneurs d'aval, négocians ou non, sont justiciables des tribunaux de commerce, auxquels cette ordonnance et celles antérieures ont attribué expressément la connaissance de ces actes.

La loi du 15 germinal an 6, sans considérer que l'usage d'une lettre de change n'avait été reconnu utile et nécessaire qu'au commerce seul, a ordonné que la contrainte par corps serait prononcée contre tous souscripteurs et accepteurs de ces actes de commerce.

Et les tribunaux de commerce, obligés de se conformer aux dispositions de cette loi non abrogée, la prononcent indistinctement contre les particuliers négocians et non négocians.

Il en est résulté et il en résulte tous les jours les incon-véniens les plus graves sous le rapport de la morale, par l'abus qu'en font les usuriers, qui, profitant de la fai-blesse ou des besoins des particuliers, les obligent à souscrire des lettres de change ou des acceptations qui engagent leur liberté (1).

Le code de commerce en prescrit la forme; les dispo-sitions de ce code ont été ordonnées dans l'intérêt seul du commerce; elles font une partie essentielle d'un code particulier pour tout le commerce de terre et de mer. Si la lettre de change a été inventée pour l'utilité du com-

---

(1) Le jeune D.... avait souscrit pour neuf mille francs de lettres de change ; G. lui remit seulement dix-sept cents francs, en lui disant qu'il gardait trois cents francs pour sa commision, et promit de lui livrer incessamment pour sept mille francs d'habits.

G. ni les habits ne parurent depuis cette promesse. En ré-compense, les huissiers vinrent, et le jeune D... fut condamné par corps par le Tribunal de Commerce de Paris, à payer *neuf mille francs.*

La Cour Royale, arr. du 13 août 1827, a réformé cette sen-tence, en réduisant le principal de la dette à deux mille francs, et en déchargeant le jeune D... de la contrainte par corps.

Est-ce pour des commerçans de l'espèce de G. que certain banquier réclame le maintien de la loi de germinal? Est-ce pour venir au soutien des négocians à la G. que les tribunaux de commerce ont été institués?

merce, elle diffère des formes et des règles des autres obligations civiles.

Le code de commerce en prescrit la forme, et ses dispositions n'ont été dictées que dans l'intérêt seul du commerce, et dans ce cas la peine de la contrainte par corps, ordonnée par la loi du 15 germinal an 6, ne devrait être appliquée qu'aux commerçans.

Le code de commerce définit expressément le commerçant : l'art. Ier porte :

« Sont commerçans ceux qui exercent des actes de » commerce et *en font leur profession habituelle.* »

L'orateur du gouvernement, en exposant au corps législatif les motifs de cet article, s'est exprimé en ces termes :

« Nous n'avons pas pensé qu'il fût nécessaire de dire » qu'en France toute personne a le droit de faire le » commerce, *mais bien de fixer le caractère auquel on* » *reconnaît un commerçant, de dire quelles personnes* » *peuvent et comment elles peuvent le devenir, et nous* » *avons fait un premier titre intitulé : des commerçans.* »

« Nous avons placé ensuite , dit immédiatement l'o- » rateur du gouvernement, pour établir les bases de » la *juridiction commerciale, quels étaient les actes de* » *commerce ;* mais leur nomenclature a été ultérieu- » rement renvoyée au titre de la *compétence* et de la » *juridiction.* »

» Comme elle s'exercera désormais et *sur ceux qui* » *exerceront la profession du commerçant,* et sur les » actes de commerce, par quelques personnes qu'ils » soient pratiqués; comme *la juridiction résultera à la*

» *fois, et de la qualité de la personne, et de la nature*
» *de la transaction.* La loi sera claire dans sa définition
» et facile dans son application (1). »

Il résulte donc de cet article premier du code de commerce et des motifs qui l'ont dicté, que la loi ne reconnaît pour commerçans que ceux qui exercent des actes
de commerce *et en font leur profession habituelle;* et que,
par une conséquence de cet article premier, l'orateur
du gouvernement ajoute que la compétence et la juridiction des tribunaux de commerce résulteront à la fois et

---

(1) Cette pensée de l'orateur du gouvernement est parfaitement exacte, la classification posée par les lois parfaitement nette.
La jurisprudence nouvelle a tout bouleversé, et il suffit d'opposer entr'eux les arrêts rendus non-seulement par diverses
cours, mais ceux portés par les mêmes magistrats, pour s'en
convaincre.

« C'est une maxime parmi les juges, dit Swift (*Voyage au*
» *pays des Houyhmns*), que tout ce qui a été jugé ci-devant
» a été bien jugé : aussi ont-ils grand soin de conserver dans
» un greffe tous les arrêts antérieurs, même ceux que l'IGNO-
» RANCE a dictés et qui sont le plus manifestement opposés à
» l'ÉQUITÉ et à la DROITE RAISON.

« Ces arrêts antérieurs forment ce qu'on appelle la JURISPRU·
» DENCE; on les produit comme des autorités, et il n'y a rien
» qu'on ne prouve et qu'on ne justifie en les citant. »

Aussi les hommes de conscience et de savoir jugent d'après les
faits et d'après les *lois* sans se croire liés par ce qui a été dit ou
fait par d'autres jurisconsultes.

Voy. Mém. sur la fausse jurisprudence adoptée, au grand dé-
triment du commerce, par les tribunaux de Paris, en ce qui
concerne les décl. de faillites, les faillites et les banqueroutes;
impr. de Selligue, rue des Jeûneurs, n. 14. 1828.

de la qualité de la personne, et de la nature de la transaction.

Ainsi, à l'égard des lettres de change et des billets à ordre : Ces actes sont de la compétence des tribunaux de commerce ; mais si le code de commerce leur en attribue la connaissance, il ordonne aussi de distinguer *la qualité* de la personne qui a mis sa signature sur l'un de ces actes. Il semble alors que LA CONTRAINTE PAR CORPS NE DEVRAIT PAS ÊTRE PRONONCÉE CONTRE LE SIGNATAIRE NON NÉGOCIANT. L'article 112 rapproché de l'article premier, qui signale aux tribunaux de commerce les particuliers qui doivent être considérés et qualifiés comme commerçans, semble venir à l'appui de ce que l'on vient d'exposer. Cet article 112 porte :

« *Sont réputées simples promesses, toutes lettres de* » *change contenant supposition, soit de nom, soit de* » *qualité, soit de domicile, soit de lieux d'où elles sont* » *tirées, ou dans lesquels elles sont payables.* » Cependant, malgré la précision des cas prévus par cet article, on voit presque toujours prononcer la contrainte par corps contre des particuliers non négocians, qui ont souscrit des lettres de change sur lesquelles il y a *supposition de qualité, de domicile, du lieu d'où elle est tirée et de celui où elle est payable.*

L'orateur du gouvernement, en exposant au corps législatif les motifs de cet article 112, au sujet des rapports qu'il a avec les art. 636 et 637, s'exprime en ces termes : les motifs de cet art. 112 *sont que certaines circonstances changent la nature de l'engagement souscrit sous le titre de lettre de change, qu'alors il n'est qu'une obligation civile*, dont l'examen appartient aux tribunaux civils. Conséquemment l'art. 636 dispose que sur la réquisition du défendeur, le tribunal de commerce sera tenu de renvoyer au tribunal-civil (1).

Mais, ajoute cet orateur, il peut arriver que la lettre de change, réputée simple promesse, aux termes de l'art. 112, porte en même temps des signatures d'individus négocians et d'individus non négocians. L'art. 637 veut alors que le tribunal de commerce en connaisse, mais qu'il ne puisse prononcer la contrainte

-----

(2) La contrainte par corps pour *lettre de change réelle* et non *fictive* a son principe dans l'idée admise, autrement dans la présomption de droit, que le non paiement est le résultat d'une violation de dépôt, d'une infidélité.

Un négociant de Marseille tire sur moi, et j'accepte; j'avais donc des fonds à ce négociant lorsque j'ai accepté, et si je ne paie pas à l'échéance, je suis présumé, envers le tiers porteur, avoir détourné des capitaux qui ne m'appartenaient pas.

Rien de plus juste dans ce cas, que la contrainte; c'est une punition que j'ai volontairement attirée sur moi. Le seul reproche que l'on puisse faire à la loi, c'est d'avoir remis à l'intérêt privé le soin de sa propre vengeance, tandis que la punition des fautes, des délits et des crimes, ne doit être confiée qu'à l'intérêt général représenté par le ministère public.

Moi, propriétaire de vignes ou cultivateur de céréales, je vends mon vin ou mon grain à un marchand qui règle en ses acceptations que je négocie.

Ce marchand vient à manquer; et, parce que je suis tireur ou endosseur des traites qu'il m'a fournies, vous m'appliquez la contrainte par corps, à moi qui ai perdu une partie de mon avoir et n'ai fait tort à personne; c'est une révoltante absurdité; c'est une violation brutale et de l'esprit et du texte de la loi!

2*

par corps contre les individus non négocians, à moins qu'il ne soient engagés à l'occasion d'opérations de commerce, trafic, change, banque ou courtage ; dans le second cas il y a, sauf celui d'engagement commercial, obligation civile de la part du signataire non négociant, et obligation commerciale de la part du signataire négociant. Celui-ci a paru devoir entraîner l'autre devant les juges de commerce, au sujet de l'art. 637. Le même orateur répète ce qu'il a dit à l'égard des lettres de change.

Le billet à ordre portant en même temps des *signatures* d'individus négocians, et *d'individus non négocians*, est tout à la fois *une obligation civile pour les uns*, et une *obligation commerciale* pour les autres; l'intérêt du commerce veut dans ce cas que les tribunaux de commerce en connaissent; *mais il ne faut pas qu'ils puissent prononcer la contrainte par corps contre les individus non négocians*, à moins qu'ils ne soient engagés à l'occasion d'opérations de commerce, trafic, change, banque ou courtage.

Cet orateur ajoute que : l'application de ces principes accorde au commerce tout ce que son intérêt bien entendu exigeait de la loi. *Aller au-delà, c'était mettre les individus non négocians dans le cas de ne pouvoir plus se servir d'un papier qui, avec un usage modéré, peut leur être utile dans leurs transactions sociales. Aller au-delà, c'était étendre la faculté de se soumettre à la contrainte par corps, quand il est dans l'intérêt de l'état et dans nos mœurs qu'elle soit limitée.*

Tel est le langage du législateur qui a exposé les motifs de notre code de commerce sur l'application de la contrainte par corps en matière commerciale. Telle est la distinction qu'il fait sur l'application de la contrainte par corps, pour le paiement des lettres de change et des billets à ordre endossés par des particuliers non négocians. Aller au-delà, dit-il, à l'égard de ceux-ci, *ce serait étendre la faculté de se soumettre à la contrainte par corps, quand il est de l'intérêt de l'état et dans nos mœurs qu'elle soit limitée.*

Si donc, d'après ce langage du législateur, on ne distingue pas dans la prononciation de la contrainte par corps, les signataires des lettres de change et des billets à ordre, les négocians avec les individus non négocians, on est en contradiction avec le code lui-même qui, à l'égard des actes de commerce, distingue le négociant avec le particulier non négociant, on est en contradiction avec l'article premier de ce code qui fait cette distinction expresse : « *Sont commerçans ceux qui exercent » des actes de commerce et en font leur profession habi-* » *tuelle* ».

Cet article devient inutile si on applique à un particulier non négociant une peine que la loi semble n'avoir établie que contre le négociant, et dans l'intérêt du commerce. Le code de commerce est un code fait pour le commerce, pour les actes de commerce. La peine de la contrainte par corps ne devrait être appliquée que contre le négociant. Le particulier non négociant peut déposer son argent chez un banquier ou un commerçant qui, pour lui faire toucher les mêmes fonds dans une autre ville, et éviter les dangers du transport, lui donne en échange une lettre de change qu'il passe à son ordre , et ce particulier non commerçant la passe à un autre ; mais à défaut de paiement, il n'est pas soumis à la contrainte par corps ; s'il justifie qu'il n'est pas commerçant ; art. 637.

Le code civil prononce la contrainte par corps contre des particuliers, mais pour des quasi-délits tels que le stellionat , le dépôt nécessaire contre les gardiens judiciaires, etc ; ainsi, deux codes ont été rendus, l'un et l'autre prononcent la peine de la contrainte par corps ; l'un pour les actes de commerce, et l'autre pour les actes civils.

La morale et l'humanité semblaient exiger qu'une loi abolît la contrainte par corps contre les particuliers qui , conformément à l'article premier du code de commerce, n'exerceraient pas un commerce habituellement leur profession.

Cette sage disposition empêcherait ou du moins paralyserait l'usure ; elle ne réduirait pas à la misère un père et sa famille ; elle préviendrait la dissipation de la fortune de jeunes gens qui, pour satisfaire leurs passions, engagent légèrement et sans réflexion leur liberté, en souscrivant ou acceptant des lettres de change.

Les juges consuls et ensuite les tribunaux de commerce ont été institués dans l'intérêt du commerce et pour statuer sur toutes les contestations entre négocians , pour faits de leur commerce, et de tous actes et obligations commerciaux, même entre particuliers non commerçans.

Le texte et le sens des art. 112 et 637 du code de commerce semblent révoquer la disposition de la loi du 15 germinal an 6, qui prononce la contrainte par corps contre les particuliers non commerçans, puisque ces articles, à l'égard de la contrainte par corps, distinguent le simple particulier de celui qui est commerçant.

L'ordonnance du commerce de 1673 ne la prononce pas même d'une manière précise : elle porte art. Ier du titre VII : « que *ceux qui auront signé des lettres de* » *change pourront* être contraints par corps, ensemble » *ceux qui auront mis leur aval,* qui auront promis d'en » fournir, avec remise de place en place, qui auront » fait des promesses pour lettres de change à eux fournies, » ou qui le devront être ; entre tous négocians et mar- » chands qui auront signé des billets pour valeur reçue » comptant ou en marchandises, soit qu'ils doivent être » acquittés à un particulier y dénommé, ou à son ordre, » ou au porteur. »

Les premiers mots soulignés de cet article comprennent d'abord toutes personnes commerçantes et non commerçantes qui auront signé des lettres de change ou billets de change.

Mais le mot *pourront*, qui suit immédiatement, n'est pas une volonté expresse et positive de la loi, de prononcer indistinctement la contrainte par corps contre ceux qui auront signé des lettres de change ou billets de change.

Le mot *pourront* n'est pas impératif : il n'ordonne point expressément ; il laisse à la prudence des juges la faculté de prononcer la contrainte par corps contre ceux qui auront signé des lettres de change ou billets de change ; et par une exception au mot *pourront*, cet article ajoute : (la contrainte par corps) entre tous négocians ou marchands, pour les billets souscrits par eux, pour valeur reçue comptant ou en marchandises.

Cet article Ier semble distinguer les personnes contre lesquelles la contrainte par corps doit être prononcée, c'est-à-dire qu'elle *pourra* l'être contre les individus non négocians ou commerçans; mais positivement *contre les négocians et commerçans.*

Ce qui pourrait donner quelque poids à cette observation, c'est ce que dit Bornier, commentateur de cette ordonnance, sur les mots : *entre tous négocians ou marchands.* « Il a été jugé, dit-il, par divers arrêts du par- » lement de Paris, compilés par les auteurs du Journal » du Palais, art. VII, p. 232, *qu'une lettre de change* » *donnée par un particulier qui n'est ni banquier,* ni mar- » chand, qui ne se mêle ni de trafic ni de banque, ne » le soumet pas à la contrainte par corps, faute de paie- » ment par celui sur lequel elle est tirée, et que la con- » trainte par corps n'a lieu, lorsqu'il n'y a pas remise, » de place en place, qu'à l'égard des banquiers et mar- » chands. »

Bornier ajoute *que les motifs de ces arrêts sont que l'or- donnance n'a entendu comprendre dans sa disposition que les marchands et les banquiers, parce qu'il n'y a qu'eux qui fassent commerce des lettres de change, et qu'à l'égard des autres personnes, les billets de change ne doivent passer que pour de simples promesses qui ne sont exigibles que par les voies ordinaires.* Ce qui est conforme à l'art. 1er et à l'art. 112 du code de commerce.

La loi du 9 mars 1793 abolit la contrainte par corps.

Une autre loi du 24 ventose an 5 (4 mars 1797) la rétablit.

Et la loi du 15 germinal an 6 (4 avril 1798), qui est exécutée aujourd'hui dans toute sa rigueur, détermine le mode d'éxécution de la contrainte par corps, mais elle distingue au titre premier le cas où on doit l'appliquer en matière civile, et au titre 2 le cas où elle est applicable en matière de commerce.

Elle porte, art. 1er du titre 2 : que la contrainte par corps aura lieu, 1. 2. 3. 4., contre toutes personnes qui signeront des lettres ou billets de change, celles qui y mettront leur aval, qui promettront d'en fournir avec remise de place en place et qui feront des promesses pour lettres de change à elles fournies ou qui devront l'être.

Les tribunaux de commerce en conséquence des expressions de cet article, *contre toutes personnes*, l'appliquent indistinctement à tous les individus, commerçans ou non, qui ont signé des lettres ou billets de change; ils n'en exce ptent pas même les endosseurs qui justifient n'être pas commerçans, malgré les dispositions formelles de l'art. 637 du code de commerce. Ainsi, à l'égard de la contrainte par corps, l'ordonnance de 1673 et le code de commerce distinguent les particuliers commerçans d'avec les particuliers non commerçans.

L'art. 112 du code de commerce fait cette distinction d'une manière précise et particulière, surtout à l'égard de la qualité des personnes qui souscrivent des lettres de change.

Cet article porte :

Sont réputées simples promesses toutes lettres de

change contenant *supposition soit de nom*, *soit de qualité*, soit de domicile, soit des lieux d'où elles sont tirées ou dans lesquels elles sont payables.

Les articles 636 et 637 du même code, titre 2, relàtifs à la compétence des tribunaux de commerce, confirment les dispositions de l'art. 112.

L'art. 636 porte :

Lorsque les lettres de change ne seront réputées que simples promesses, aux termes de l'art. 112, ou lorsque les billets à ordre ne porteront que des signatures d'individus non négocians, et n'auront pas pour occasion des opérations de commerce, trafic, change, banque ou courtage, le tribunal de commerce sera tenu de renvoyer au tribunal civil, s'il en est requis par le défendeur.

Art. 637 : Lorsque les lettres de change et les billets à ordre porteront en même tems des signatures d'individus négocians et d'invidus non négocians, le tribunal de commerce en connaîtra, mais il ne pourra prononcer la contrainte par corps contre les individus non négocians, à moins qu'ils ne soient engagés à l'occasion d'opérations de commerce, trafic, change, banque ou courtage.

Ces articles 112, 636 et 637 distinguent dans les souscripteurs et endosseurs des lettres de change ou des billets à ordre, ceux qui ne sont pas négocians d'avec ceux qui sont négocians, et l'art. 637 porte : que la contrainte par corps ne pourra être prononcée contre les premiers.

Ces articles du code de commerce ont par conséquent dérogé à l'art. 1, du titre 2 de la loi du 15 germinal an 6 (4 avril 1798), qui prononçait la contrainte par corps contre *toutes personnes* qui signeront des lettres ou billets de change. Mais l'art. 637 du code de commerce, qui dispense de la contrainte par corps les individus non négocians, ajoute la condition suivante : *à moins qu'ils ne soient engagés à l'occasion d'opérations de commerce, trafic, change, banque ou courtage.*

On pourrait opposer à ces mots soulignés les termes de l'art. 112: « sont réputées simples promesses toutes lettres de change contenant supposition, soit de nom, *soit de qualité, soit de domicile, soit de lieux d'où elles sont tirées.*

Mais les tribunaux de commerce n'admettent pas souvent cette preuve qu'une foule de malheureux demandent; ils ne considèrent que la nature de l'acte, et prononcent la contrainte par corps contre les souscripteurs ou accepteurs : aussi les usuriers, abusant de cet usage et des termes ci-dessus soulignés, de l'article 637, font souscrire à des individus, non négocians, pressés par le besoin, des lettres de change ou des acceptations, et auxquels ils remettent en échange une somme à l'intérêt de 25 et même de 50 pour cent, qu'ils fournissent en moins, ou des marchandises qu'ils sont obligés de revendre avec perte de 50 ou 60 pour cent.

Mais si on admettait le souscripteur ou l'accepteur d'une pareille lettre de change à prouver qu'elle contient supposition de nom, de qualité, de domicile ou des lieux d'où elle est tirée, elle serait réputée simple promesse, conformément aux dispositions de l'article 112, et la *qualité* ou non de commerçant, à l'égard de celui qui ne l'est pas, serait facile à prouver par l'art. 1er qui porte : « Sont commerçans ceux qui font des actes

» de commerce et en font leur profession habituelle. »

Ainsi, d'après les termes des articles 1er, 112, 636 et 637, le code distingue l'individu négociant d'avec l'individu non négociant, et n'applique la contrainte par corps qu'au 1er; il ne la prononce pas contre le second, quand même en souscrivant une lettre de change ou un billet à ordre, il y prendrait la qualité de négociant qu'il n'a pas, parce que dans ce cas, l'article 112 répute simple promesse une lettre de change qui contient supposition de *nom* ou de *qualité*. L'orateur du gouvernement, en exposant au corps législatif les motifs du titre 2 du code de commerce, dont les articles 636 et 637 font partie, vient à lappui et confirme ces observations; il s'exprime en ces termes : « Nous passons aux » dispositions des articles 636 et 637 qui ont des rap- » ports avec ce que l'article 632 dit sur la lettre de change.

» Nous sommes obligés de rappeler l'article 112 du » titre Ier; il porte :

» Sont réputées simples promesses toutes lettres de » change contenant supposition soit de nom, soit de » qualité, soit de domicile, soit des lieux d'où elles sont » tirées, ou dans lesquels elles sont payables. Les motifs » de cet article sont que *certaines circonstances chan-* » *gent la nature de l'engagement, souscrit sous le titre* » *de lettre de change; qu'alors il n'est qu'une obligation* » *civile, dont l'examen appartient aux tribunaux civils.* » Conséquemment l'article 636 dispose que, sur la ré- » quisition du défendeur, le tribunal de commerce sera » tenu de renvoyer au tribunal civil. Mais il peut ar- » river que la lettre de change, réputée simple pro-

» messe, aux termes de l'article 112, porte en même
» temps les signatures d'individus négocians et d'indi-
» vidus non négocians.

» L'article 637 veut alors que le tribunal de com-
» merce en connaisse, mais qu'il ne puisse prononcer
» la contrainte par corps contre les individus non négo-
» cians, à moins qu'ils ne soient engagés à l'occasion
» d'opérations de commerce, trafic, change, banque ou
» courtage; dans ce second cas, il y a lieu, sauf celui
» d'engagement commercial, obligation civile de la part
« du signataire non négociant et obligation commer-
» ciale de la part du signataire négociant; celui-ci a
» paru devoir entraîner l'autre devant les juges de com-
» merce :

» Les mêmes articles 636 et 637 dont nous venons de
» rapporter les dispositions relatives aux lettres de
» change, réputées simples promesses, règlent encore
» la compétence des tribunaux de commerce en ce qui
» concerne les billets à ordre.

» On demandait que le billet à ordre fût en tout as-
» similé à la lettre de change, et pour la juridiction et
» pour la contrainte par corps, quels qu'en fussent les
» signataires; après de longues discussions, les raisons
» en faveur de cette opinion ont paru plus spécieuses
» que justes; et, conséquemment au principe suivi pour
» le réglement de la compétence des tribunaux de com-
» merce, l'on s'est arrêté aux principes suivans :

» Le billet à ordre, portant des signatures d'indivi-
» dus non négocians, et n'ayant pas pour occasion des
» opérations de commerce, trafic, change, banque ou

» courtage, est une obligation civile qui ne peut être
» soumise aux tribunaux de commerce.

» Le billet à ordre, portant en même temps des si-
» gnatures d'individus négocians et d'individus non né-
» gocians, est tout à la fois une obligation commerciale
» pour les uns et civile pour les autres; l'intérêt du com-
» merce veut dans ce cas que les tribunaux de commerce
» en connaissent; mais il ne faut pas qu'ils puissent pro-
» noncer la contrainte par corps *contre les individus non*
» *négocians*, à moins qu'ils ne soient engagés à l'occasion
» d'opérations de commerce, trafic, change, banque ou
» courtage.

» L'application de ces principes accorde au commerce
» tout ce que son intérêt bien entendu exigeait de lui;
» aller au-delà, c'était mettre les individus non né-
» gocians dans le cas de ne pouvoir plus se servir d'un
» papier qui, avec un usage modéré, peut leur être
» utile dans leurs transactions sociales.

» Aller au-delà, c'était étendre la faculté de se sou-
» mettre à la contrainte par corps, quand il est dans
» l'intérêt de l'état et dans nos mœurs qu'elle soit
» limitée.

» Enfin cette faculté eût fait prendre une autre di-
» rection aux emprunts pour affaires civiles, direction
» contraire à l'intérêt des familles, en ce qu'elle eût
» offert plus de facilité pour mobiliser les fortunes im-
» mobilières. C'est donc par des considérations d'ordre
» public que la loi a refusé d'assimiler en tout le billet
» à ordre à la lettre de change; mais en même temps

» elle a su ménager l'intérêt particulier du commer-
» ce (1). »

Tels sont les motifs qui ont dicté au législateur les articles 112, 636 et 637 du code de commerce ; il y a clairement démontré l'intention de distinguer les individus négocians d'avec les individus non négocians ; il prononce la contrainte par corps contre l'individu négociant. Mais il n'a point voulu qu'elle fût applicable aux individus non négocians. « *Aller au-delà*, dit l'orateur du gouvernement, *ce serait mettre les individus non négocians dans le cas de ne pouvoir point se servir d'un papier qui, avec un usage modéré, peut leur être utile dans leurs transactions sociales ;* et il ajoute : *Aller au-delà, c'était étendre la faculté de se soumettre à la contrainte par corps, quand il est dans l'intérêt de l'état et dans nos mœurs qu'elle soit limitée.* »

Ainsi en rapprochant les dispositions des articles 1er, 112, 636 et 637, les lettres de change ou les billets à ordre qui portent des signatures d'individus non commerçans, ne donnent pas lieu contre eux à la contrainte par corps.

C'est sans doute par ce motif que l'article 1er définit à quoi on doit reconnaître un commerçant : « Sont

---

(1) Les tribunaux, notamment le tribunal de commerce de Paris, ont précisément pris au rebours les prévisions du législateur : le résultat de cette contre-marche a été de paralyser le mouvement général des affaires, de placer dans les lignes commerciales des hommes qui déshonorent le commerce français, et de livrer les capitaux à l'agiotage, à l'usure et à l'intrigue.

» commerçans, dit cet article, ceux qui exercent des
» actes de commerce, et *qui en font leur profession habi-*
» *tuelle.* »

Les tribunaux de commerce, et même des jurisconsultes, font de cet article deux classes d'individus réputés commerçans, la première par les termes de cet article composé d'une seule phrase qui dit : *sont commerçans ceux qui exercent des actes de commerce.*

La seconde par les termes qui suivent : *Et qui en font leur profession habituelle.* Selon eux l'individu non négociant qui ferait un *seul acte* de commerce (1), serait commerçant suivant les premiers mots de cet article, et soumis à la contrainte par corps, s'il met sa signature sur une lettre de change ou sur un billet à ordre.

Cependant l'orateur du gouvernement, en exposant les motifs de cet article au corps législatif, ne l'a pas expliqué ainsi; il est au contraire exprimé en ces termes :

« Nous n'avons pas pensé qu'il fût nécessaire de dire
» qu'en France toute personne a droit de faire le com-
» merce, *mais bien de fixer le caractère auquel on re-*
» *connaît un commerçant, de dire quelles personnes*
» *peuvent et comment elles peuvent le devenir.* »

Telle est l'explication que donne le législateur de cet article, qui est de fixer le caractère auquel on reconnaît un commerçant.

---

(1) Que deviennent alors les significations grammaticales et les définitions logiques des mots : *profession, habitude.* Quoi! des juges français ne sont pas même capables de comprendre la langue nationale ! Où avez-vous donc été les chercher ?

Ce sont, d'après les termes de cet article, les individus qui en font leur PROFESSION HABITUELLE, et non ceux qui feraient *un seul acte* de commerce, qui sont considérés par la loi comme commerçans; divers arrêts ont consacré ce principe.

Un arrêt de la cour royale de Paris du 15 août 1809 a prononcé que ceux qui font les opérations des effets publics ne sont pas réputés commerçans.

Cependant les opérations des effets publics sont bien des actes de commerce.

Un arrêt de la cour de cassation du 26 janvier 1814 a prononcé que la qualité de négociant, donnée dans quelques actes de procédure à l'endosseur d'un billet, ne peut le soumettre à la contrainte par corps quand il est constant que *son état ne le range pas dans cette classe.*

Un autre arrêt de la même cour du 15 mai 1815 a décidé que : Nul ne peut être failli, *s'il n'a fait habituellement des actes de commerce, lors même qu'il aurait souscrit des effets de commerce, et qu'il aurait pris la qualité de commerçant.*

Les commerçans seuls peuvent être déclarés en état de faillite (Arrêt de la cour de cassation du 16 mars 1818).

Un autre arrêt de la cour de cassation du 21 juillet 1824 casse un jugement du tribunal de commerce de Nevers, qui avait prononcé la contrainte par corps contre un individu non négociant, dans la cause suivante :

Le marquis Degain avait cautionné le paiement de

612 f., pour prix de deux bœufs vendus au sieur Pauchard par le sieur Bourryaud ; celui-ci les cite tous les deux au tribunal de commerce de Nevers.

Ce tribunal les condamne solidairement au paiement *et par corps.*

Le marquis Degain appelle de ce jugement à la Cour de cassation, contre la disposition de ce jugement qui le condamne par corps, *attendu qu'il n'est pas commerçant.*

Cette cour a jugé que la contrainte par corps ne peut être prononcée contre la caution d'un contraignable par corps, *si cette caution n'est pas un commerçant,* et ne s'est pas d'ailleurs soumise expressément à cette contrainte.

Cet arrêt a été fondé sur les motifs suivans, il dit :

» *Vu l'art. 1ᵉʳ, tit. 1ᵉʳ, et l'art. 1ᵉʳ, tit. 2 de la loi du*
» *15 germinal an 6, les art. 2060 nº 5 et 2063 du code*
» *civil, et l'art. 637 du code de commerce, considérant*
» *qu'aux termes de l'art. 2060, nº 5 du Code civil, les*
» *cautions des contraignables par corps ne sont assu-*
» *jéties à cette contrainte que lorsqu'elles s'y sont sou-*
» *mises :*

» *Considérant que si le marquis Degain s'est porté*
» *caution de Pauchard pour le prix de bœufs achetés en*
» *foire par celui-ci, pour l'exercice de son état de voitu-*
» *rier, et que si Pauchard a été de plein droit contrai-*
» *gnable par corps, à défaut de paiement de cette dette*
» *commerciale, rien n'indique et ne justifie, dans le ju-*
» *gement attaqué, que le marquis Degain fût négociant,*

» ni qu'il se fût soumis à cette contrainte, lors du cau-
» tionnement prêté; d'où il suit qu'en prononçant la con-
» trainte par corps contre le marquis Degain, le tri-
» bunal de commerce de Nevers a violé les deux articles
» précités du code civil, l'art. 637 du code de commerce,
» ainsi que l'art. 1er, tit. 1er, de la loi du 15 germinal
» an 6, et fait une fausse application du § 4 de l'art. 1er,
» tit. 2, de la même loi.....

C'est en abusant des dernières dispositions de cet article 637, et de celle de la loi du 15 germinal an 6, que
les usuriers exigeant jusqu'à près de 60 p. 100 d'intérêt,
font souscrire des lettres de change au particulier non
commerçant. Celui-ci, pressé par le besoin et par d'autres
motifs, n'ayant d'autre garantie à offrir que son mobilier
et sa personne, a recours à ces hommes qui font le trafic
honteux et révoltant de leur argent, et mettent à leur
disposition la liberté de l'imprudent et malheureux
emprunteur, en le forçant de souscrire une lettre de
change.

L'intérêt d'un grand nombre de familles et la morale
semblent réclamer des mesures pour paralyser l'usure.

L'abolition de la contrainte par corps contre les particuliers non commerçans atteindrait sans doute le but.

Une loi ou une ordonnance royale, interprétative de
la véritable intention du législateur, que l'utilité des
lettres de change n'a été reconnue d'abord que pour
l'intérêt et l'avantage du commerce; que si elles ont été
affranchies du droit d'enregistrement (excepté le cas où

elles sont protestées); si la procédure pour en poursuivre le paiement est simple et prompte, et si les lois ont prononcé la contrainte par corps contre les signataires de cette obligation commerciale, c'a été, d'un côté, par le motif de maintenir la confiance qui est l'ame et la base du commerce, et que, de l'autre, par une conséquence de ce principe, une peine devait être prononcée contre les commerçans qui en abuseraient;

Par ces motifs et autres qui pourraient être mieux développés, il serait nécessaire de rendre une loi ou une ordonnance royale qui abolît la contrainte par corps contre les particuliers non commerçans, souscripteurs, accepteurs, donneurs d'aval, endosseurs ou cautions de lettres et billets de change ou à ordre; les tribunaux de commerce ne pourraient la prononcer contre un particulier qui demandera à prouver et prouvera qu'il n'est pas commerçant ou qu'il n'en fait pas sa profession habituelle. Art. Ier du code de commerce.

Il sera également admis à prouver que sur la lettre ou billet de change ou à ordre, il y a supposition, soit de nom, soit de qualité, soit de domicile, soit du lieu d'où elle est tirée ou dans lequel elle est payable (Art. 112 du même code).

Il serait aussi nécessaire d'ajouter à ces dispositions que le demandeur ne pourra opposer que le débiteur soit muni d'une PATENTE, parce que l'usurier, habitué à éluder la loi, obligerait l'emprunteur, sa victime, à prendre une patente.

La morale, l'humanité et les maux affligeans qu'entraîne l'usure, sont dignes de la sollicitude du législateur.

C'est à la haute sagesse de la Chambre de MM. les députés à développer les mesures que j'ai l'honneur de lui soumettre, si elle les croit dignes d'être prises en considération.

Dans le cas contraire, je supplie MM. le président et députés de regarder mes représentations comme dictées par un sentiment d'humanité et de morale, en croyant à la possibilité de prévenir la ruine et le désespoir d'un grand nombre de familles, et surtout la ruine du commerce.

Je suis, etc.

Nous avons dû laisser dans son intégralité le travail lumineux fait par M. Amyot. Il était impossible de montrer avec plus de force, et en même temps plus de modestie, la fausse voie dans laquelle la nouvelle jurisprudence est entrée. Gloire à l'homme de bien qui consacre ses veilles à la défense des lois, et à celle de l'humanité, la première de toutes.

IMPRIMERIE DE SELLIGUE,
RUE DES JEUNEURS, N° 14.

IMPRIMERIE DE SELLIGUE, RUE DES JEUNEURS, N° 14.

www.ingramcontent.com/pod-product-compliance
Ingram Content Group UK Ltd.
Pitfield, Milton Keynes, MK11 3LW, UK
UKHW022216070726
13613UKWH00004B/1709